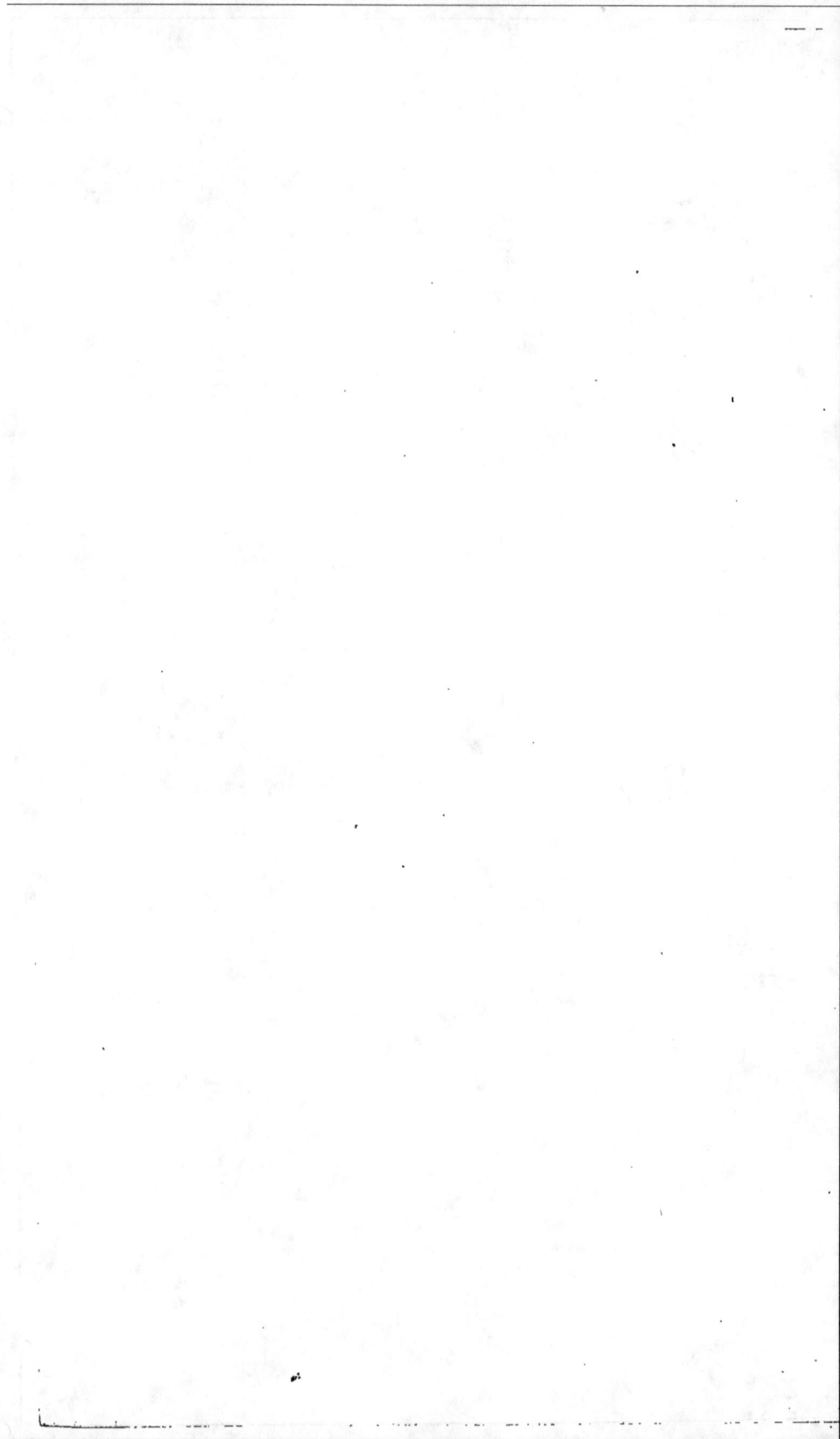

L'AMBULANCE BOURJAC

—

COMPTE-RENDU

OFFERT

A LA SOCIÉTÉ DE STATISTIQUE DE MARSEILLE

PAR

Le Docteur Adrien SICARD

Lauréat et membre actif de la Société de Statistique de Marseille

> Le vrai sage couvre de la main gauche les plaies de son cœur et lutte avec la droite contre les difficultés de la vie.
>
> UN ANCIEN PHILOSOPHE.

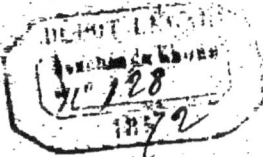

MARSEILLE

TYPOGRAPHIE ET LITHOGRAPHIE CAYER ET Cie
Rue Saint-Ferréol, 57.

1872

L'AMBULANCE BOURJAC

COMPTE-RENDU

OFFERT A LA SOCIÉTÉ DE STATISTIQUE DE MARSEILLE

PAR

Le Docteur Adrien SICARD

> Le vrai sage couvre de la main
> gauche les plaies de son cœur et lutte
> avec la droite contre les difficultés de
> la vie.
>
> UN ANCIEN PHILOSOPHE.

Les règlements de notre Société de Statistique imposent à chacun de ses membres l'obligation de tenir ses collègues au courant de ce qui se passe dans la ville de Marseille ou dans le département des Bouches-du-Rhône ; c'est à ce titre que nous venons vous donner quelques détails sur l'Ambulance Bourjac.

Maints hôpitaux temporaires ont été ouverts à Marseille par la Société Française de secours aux blessés des armées de terre et de mer : c'est d'un de ces locaux dont nous allons vous entretenir ; il portait le n° 2, et était désigné sous le nom d'Ambulance Bourjac.

Il existait, dans la rue Villa-Paradis, une ancienne maison de campagne appartenant à M. Bourjac ; cet immeuble, d'un accès facile pour le charroi et complètement isolé des maisons par des terrains assez grands, était dans de bonnes conditions pour y établir un hôpital. Il fut donc décidé par l'Administration qu'on accepterait avec reconnaissance l'offre de M. Bourjac, qui voulait bien céder gratuitement son local ; toutefois, plus tard, l'on fut obligé, pour l'agrandir, de louer le logement du concierge, qui était contigu.

La propriété Bourjac avait deux entrées : l'une pour le public et l'autre pour les charrettes. La première faisait éperon avec la rue Villa-Paradis, c'est par là que les piétons arrivaient ; quant à l'autre, elle était plus loin en suivant ladite rue.

Une pente rapide et des escaliers en grand nombre donnaient accès, pour les piétons, à une belle terrasse qui entourait complètement le corps de logis ; la porte principale de la maison était au midi, et cette partie de terrasse, toute carrelée comme celle à levant, se trouvait ombragée par cinq pins séculaires.

Entrons dans le local. Nous trouvons à notre droite la pendule, et la porte, à notre gauche, donne accès dans une salle de deux fenêtres, en façade au midi, qui contient six lits.

Au bout du corridor, l'appartement du comptable fait face à la porte d'entrée ; une boîte aux lettres et un tronc, destiné à recevoir les offrandes que les visiteurs y déposaient pour nos blessés, se trouvaient en vue ; maintes et maintes mains discrètes y ont glissé des sommes assez importantes.

Pénétrons dans l'appartement du comptable : deux bureaux s'y trouvent : l'un destiné au comptable et à son agent, l'autre au chirurgien en chef. C'est dans cette salle que les dames de service venaient travailler, lorsqu'elles n'étaient pas à la lingerie ou dans les salles.

En face du bureau du comptable, l'on voit deux tableaux indiquant le nom des malades, la salle dans laquelle ils se trouvent et les numéros du lit qui leur est affecté.

Vis-à-vis la cheminée, sont affichés deux tableaux contenant : l'un, le nom des dames patronnesses, leur jour de service et les devoirs qu'elles ont à remplir; l'autre, le nom des administrateurs, celui du chirurgien en chef et de tout le personnel de l'établissement, afin que, à un moment donné, les administrateurs, le chirurgien en chef et le comptable aient sous les yeux tous les renseignements dont ils pouvaient avoir besoin.

En sortant de l'appartement du comptable, nous nous trouvons dans un petit vestibule; à gauche, l'on voit la cloche destinée aux appels, soit du personnel, soit indiquant les visites, les pansements, les repas ou autres mouvements. Un règlement affiché près de la corde indiquait le nombre de coups désignés pour chacune des personnes. ou pour les divers services.

Un passage donne accès à un autre vestibule au levant, dans l'intervalle, à droite, l'on trouve une dépense; la porte à droite dans le vestibule, qui contient une fontaine, permet d'entrer dans une chambre à deux fenêtres, qui contient sept lits; en sortant, l'on trouve, à main droite, une porte s'ouvrant sur la terrasse à levant; à côté, une grande caisse fermée pour le linge sale; puis un appartement avec trois fenêtres, dans lequel on a placé cinq lits.

En venant joindre notre point de départ, nous avons à notre droite, visant au nord, la cuisine des infirmiers, qui leur sert de salle à manger, et dans laquelle se font les tisanes, lavements, cataplasmes ou autres. Une porte vitrée permet de sortir dans la propriété.

Nous nous retrouvons devant le cabinet du comptable; en suivant droit devant nous, nous voyons sur la muraille

les divers règlements qui régissent le service des sœurs
hospitalières, celui des infirmiers, celui de la cuisine et
des distributions ; quant aux règlements concernant les
malades, ils sont affichés dans tous les corridors et obser-
vés avec la plus grande régularité ; car la surveillance
étant incessante, toute infraction est sévèrement punie.

La cuisine nous attire par sa propreté et l'odeur agréa-
ble qui s'en exhale : tout y est dans un parfait état, et à
quelque heure du jour ou de la nuit que l'on y vienne ,
l'on est sûr d'y rencontrer des aliments destinés aux malades qui arrivent à toute heure. Une cuisinière en chef
et une aide sont préposées à ce service, qui se fait sous
l'inspection du chirurgien en chef, des administrateurs,
des sœurs hospitalières et des dames de service.

En sortant de la cuisine et suivant notre droite, nous
passons à côté de la cave et du charnier, puis nous arrivons à la chapelle, à côté de laquelle se trouve une salle
destinée aux morts, dans les cas indispensables, et ser-
vant, en temps ordinaire, de succursale à la chapelle. Une
sortie et une entrée distinctes la sépare de celle-ci, tout en
pouvant les réunir au moyen d'une porte vitrée, sur laquelle se rabat une portière.

Nous ne pouvons sortir de la chapelle sans rappeler
que, grâces à M. le curé de Saint-Joseph *intrà-muros*,
M. Guiol, l'on put établir un autel avec tous les objets
indispensables au culte. Une quête faite par Mᵐᵉ Honnorat
chez diverses personnes de la rue Nicolas, permit de placer une natte dans la chapelle et d'acheter divers objets
qui manquaient.

Le service divin était célébré tous les jours pour les
sœurs et tous les dimanches et jours de fête pour le personnel de l'établissement ; l'on avait obtenu la permission
d'avoir la réserve. Dès que la cloche annonçait la messe
du dimanche, tout le personnel valide se rendait de plein

gré à la chapelle : nous y avons vu des Africains et autres cultes ; ce qui était dû à à l'attrait de l'harmonium, prêté et si bien tenu par M. Jules Lombardon, notre comptable, dont tout Marseille connaît la belle voix, et aux chœurs harmonieux dirigés par les sœurs.

Maintes personnes étrangères assistaient aussi à ces cérémonies, et une quête, toujours fructueuse, faite parmi ces dames, permettait de jeter une obole dans l'escarcelle des plus nécessiteux de l'établissement.

Retournons sur nos pas et, arrivé à notre point de départ, prenons le grand escalier qui se présente à notre droite. Au premier étage, nous nous trouvons en face de la chambre destinée à la cuisinière.

En suivant notre gauche, la communauté, logement des sœurs de Saint-Vincent-de-Paul, se présente à nous ; puis ce corridor terminé, au fond, à droite, nous avons la lingerie, admirablement garnie de tous les objets utiles dans un hôpital, quels que soient l'espèce et la nature que nous désirions, depuis une simple bande jusqu'aux vêtements les plus compliqués et les plus chauds. Une personne spéciale, mademoiselle Louise, dont on ne saurait trop louer le désintéressement, est chargée de ce détail, sous l'inspection et avec le concours des dames patronnesses.

Une chambre à deux lits, le logement de l'infirmier en chef ; des latrines d'une propreté irréprochable, grâce à une inspection de tous les instants, et une petite chambre à deux lits, nous ramènent à une porte donnant accès à une grande chambre de trois fenêtres de façade à midi, comportant cinq et quelquefois six lits ; l'on y trouve une grande porte donnant accès sur le palier du grand escalier, ce qui facilite le service.

Dans l'appartement dont nous venons de donner la description, il existe un passage dans lequel nous pénétrons, et qui contient un grand placard destiné à recevoir les

petites friandises qu'on donne pour dessert aux convalescents des maladies graves , l'on y renferme aussi
les vins fins et ceux au quinquina ; le tout est sous la clé
tenue par la sœur chargée du service du deuxième étage.
A notre droite, se trouve la chambre de l'aide-major, et à
côté, un appartement à deux fenêtres, qui contient quatre
lits.

Nous arrivons sur un palier auquel aboutit un nouvel
escalier descendant sur le vestibule au levant ; nous lais-
sons cet escalier à gauche et trouvons, à notre droite, une
chambre à deux lits avec une fenêtre ; à côté, une autre à
quatre lits et une fenêtre au nord ; en nous retournant
vers le couchant, nous avons un autre appartement contenant trois lits.

A notre droite, en revenant vers l'escalier, nous trouvons
une porte donnant accès au deuxième étage, qui contient
les chambres des infirmiers et des débarras.

Ressortons sur la terrasse par l'entrée à midi ; l'on
trouve, au couchant, une bâtisse contenant dans le bas,
des bains avec l'eau du canal, et au premier étage, le cabinet du chirurgien en chef, ayant une fenêtre à midi et
une au levant. C'est dans cette grande pièce que se font
tous les pansements pour les blessés qui peuvent se mou-
voir, et les opérations ; à côté, se trouve un local très
aéré pour placer les sacs et les hardes des militaires.

Sur le derrière de ce local et sur sol , se trouvent des
latrines destinées aux malades qui peuvent sortir.

En sortant sur la terrasse, à nord du local, nous avons
la buanderie et le lavoir, l'étendage étant au devant de la
maison, en façade au midi.

C'est le 30 décembre 1870 que l'Ambulance a été ou-
verte ; elle était garnie de lits et objets de literie fournis
en grande partie, soit par les hôtels de la ville, soit par les
particuliers.

C'est à cet effet que le docteur E. Maurin avait fait
cadeau de deux lits complets; douze appartenaient à l'hôtel
du Luxembourg ; le même nombre à celui de l'Univers et
de Castille, et autant à l'hôtel Beauvau ; l'hôtel des
Phocéens fournit quatre lits, et l'hôtel des Princes trois :
autant pour l'hôtel d'Orléans.

Le personnel de l'Ambulance Bourjac se composait en
principe : de trois vénérables sœurs de Saint-Vincent-de-
Paul, les sœurs Clémentine, Louise et Gabriel ; à cette épo-
que, la sœur Clémentine était chargée de la cuisine. Quand
tout fut régularisé, sœur Augustine et sœur Louise ont été
chargées, l'une du rez-de-chaussée, l'autre du premier
étage.

Pour chirurgien en chef, l'on avait désigné le docteur
Adrien Sicard, ayant sous ses ordres un aide-major, M.
Alexandre Maurion, dont on ne saurait trop louer le dé-
vouement et qui, pendant une absence motivée par des
malheurs de famille, a été remplacé pendant son congé de
quinze jours, par M. Augier, et plus tard par M. Laflou.

La pharmacie était dirigée par M. Chaix ; elle se trouvait à la Cité-Ouvrière ; c'était un inconvénient auquel
l'on a paré, soit en faisant d'avance des commandes de
remèdes indispensables, soit en se procurant les matières
premières, qui étaient ensuite préparées dans l'établissement par le chirurgien en chef ou son aide-major.

M. Eyssautier était chef-infirmier, et fut remplacé plus
tard par M. Louis Deshais. Les infirmiers ont été pendant
les huit premiers jours, MM. Martin et Michel, et plus tard,
MM. Moulard, Albert et Poli.

Une mention toute spéciale est due à Mme Pellegrin, la
cuisinière, qui a su contenter non seulement ses chefs,
mais encore, chose plus difficile, les malades ; elle avait
toujours à leur disposition, et à quelle heure que ce fût,
soit des bouillons ou autres aliments.

L'Administration se composait de MM. Allatini, Parrocel et Piaget, qui ont toujours été à la hauteur de leur mission et dont on ne saurait dire trop de bien.

M. Jules Lombardon était comptable, et M. Arnoux (Césaire), sous-comptable.

Plusieurs dames avaient bien voulu se partager le service de l Ambulance : chacune à son tour, venait y passer la journée complète, apportant même son repas; elles aidaient à la distribution des aliments, surveillaient tous les détails du ménage, écrivaient sous la dictée des malades qui ne pouvaient le faire, et rendaient mille services, dont leurs cœurs savaient aplanir les difficultés.

Le lundi, c'étaient les dames Gros et Piaget ; le mardi, Madame Henri Folsch ; le mercredi, M dame Altaras, remplacée plus tard par Madame Alphonse Grandval ; le jeudi, Madame de Fischer ; Madame Parrocel, le vendredi et les dames Robin et Doblher, le samedi. Quant au dimanche qui, concurremment avec le jeudi, était jour de visite pour les personnes étrangères à l'établissement, les chefs de service étaient toujours présents pour exercer la plus grande surveillance.

Grâces à la bienveillance des dames patronnesses et de quelques autres, les malades et convalescents avaient à leur disposition des livres, des journaux, des jeux de toute sorte : une gymnastique, jeux de boules, de quilles, etc. L'une d'elles a bien voulu mettre à la disposition des malades qui ne pouvaient marcher, un omnibus pour les faire promener. Quant aux vins fins, aux fruits secs, confits, frais, au tabac et maintes petites douceurs, nous pouvons affirmer, sans crainte d'être démenti, qu'aucune Ambulance n'en a été mieux fournie.

Du 30 décembre 1870 au 4 avril 1871, 126 malades, parmi lesquels 18 blessés, ont été traités dans l'Ambulance Bourjac. L'on a constaté cinq décès : l'un, dû à une ré-

sorption purulente ; l'autre , à une pneumonie aiguë ;
un troisième, à la phthisie ; un anémique, et le cinquième
nous abandonne par suite d'une fièvre intermittente d'A-
frique, compliquée de maladie du cœur et d'anémie.

Ce n'est pas le lieu de discuter si nos malades ont été
plus ou moins heureux; qu'il nous suffise de dire qu'il ne
s'est montré dans l'établissement aucun cas de pourriture
d'hôpital, malgré la gravité des blessures et les opérations
qui en ont été la conséquence. Neuf convalescents qui res-
taient le dernier jour, ont été remis à la Cité-Ouvrière,
Ambulance n° 1.

Nous donnerons, à la suite de cette esquisse, le tableau
par lettre alphabétique, des maladies soignées dans notre
Ambulance.

A la tête de chaque lit, l'on avait placé une plaquette
en bois portant le numéro d'ordre, et dans laquelle le
billet d'admission était maintenu au moyen d'une coulisse
en fil de fer.

Tout malade avait une table, une chaise une descente
de lit, des peignes, brosses, cuvette et pot à eau, vase de
nuit et crachoir ; les plus malades avaient sur leur table
une veilleuse pour maintenir la tisane chaude.

Les tables étaient mobiles, ce qui permettait aux convalescents qui le désiraient, de les placer à la suite les
unes des autres, pour simuler un repas en famille ; une
franche gaîté présidait à ces agapes et prouvait combien
la cuisinière comprenait ses devoirs.

Nous donnons ci-dessous le menu ordinaire.

Le matin, bouillon, café, lait ou chocolat ; à 10 heures,
soupe grasse, bouillie, légumes ; à 4 heures, soupe mai-
gre, rôti et légumes. Les soupes étaient variées, et il ne se
passait pas de jour où l'on n'eût du dessert à leur donner.

Les aliments particuliers et les vins fins étaient dis-
tribués sur l'ordre du chirurgien en chef; il en était

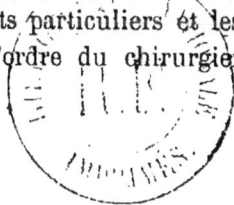

de même des fruits, confitures et du tabac. C'était justice, puisque seul responsable des malades dans un hôpital, c'est à lui seul qu'il incombe de les soigner, soit au point de vue des blessures ou maladies, soit au point de vue de l'hygiène. Par son ordre, trois fois par semaine, l'infirmier en chef conduisait à la promenade ceux qu'il désignait.

Inutile de dire que la visite des malades et les pansements avaient lieu deux fois par jour obligatoirement et plus souvent si le cas l'exigeait.

Sauf erreur, la moyenne des journées a été de 13 kilog. de viande, 20 kilog. de pain, 23 litres de vin et 300 fr. par mois pour les légumes frais, poulets ou autres objets pris sur le marché. Quantité de dons en nature se sont ajoutés à cette dépense, et le Bureau central fournissait le beurre, l'huile, la graisse, le lard et les légumes secs.

Aucun malade n'est sorti de l'établissement sans emporter des vêtements chauds et des bas de laine, chemises ou tous autres objets indispensables, selon leur position.

M. Blanc, curé de Saint-François-d'Assise, et MM. Glize et Pinatel, ses vicaires, venaient tour à tour faire leur semaine, dire la messe le dimanche, accompagnant cet office de quelques brèves paroles appropriées à leur auditoire ; ils ont eu la consolation de voir qu'aucun des malades n'est sorti sans avoir rempli ses devoirs religieux.

N'ayons garde d'oublier M. le pasteur Moulines, qui a prêté à ses corréligionnaires l'appui de ses conseils, de sa bienveillante parole et de sa charité évangélique.

Disons en terminant, que chacun a fait, nous allions dire plus que son devoir, car nous avons vu des dévouements que nous ne pouvons citer particulièrement, de peur de blesser la modestie des personnes qui savaient si bien donner de la main droite sans que la gauche s'en doutât, et qui, pendant plusieurs mois, ont consacré leur temps et leur bourse au soulagement des victimes de la guerre.

TABLEAU

Otites... 2

Orchite 1

Phthisie pulmonaire....................... 1

Pneumonies et pleuro-pneumonies.............. 10

Rhumatismes 12

Varioleux envoyés immédiatement à l'hôpital..... 2

Deux amputations de doigt et nombre d'extraction d'esquilles ou d'os, complètent ce tableau.

Marseille, 27 décembre, 1871.

(*Extrait du XXXIVᵉ volume* du Répertoire de la Société de Statistique de Marseille).

MARSEILLE. — Typ. et Lith. CAYER & Cⁱᵉ, rue Saint-Ferréol, 57.

www.ingramcontent.com/pod-product-compliance
Lightning Source LLC
Chambersburg PA
CBHW060711280326
41933CB00012B/2395